汉 字 中 国

汉字与庄子

田舍之 | 著

少年儿童出版社

# 汉字是一眼泉

## ——写给小朋友的话

我看汉字，是一个个活泼泼的精灵。好多年了，这些古老的精灵常常在时空的缝隙里探出头来，俏皮地眨眨眼，像是与你捉迷藏的孩子。我找寻它们，于是慢慢走近古人，走进五千年文明，时时能捡拾到散落在历史长河边的五彩斑斓的智慧之贝。

初识这些精灵是二十几年前的事，不过那时只是猎奇，只是用它们来装点生活，如同路边采撷一枝不常见的野花，簪在发梢，添一分美艳。一件事物，被视作工具时，即便了解得再深刻、掌握得再熟练，都不过是一种技艺，没办法感知温度、触及灵魂，没办法润泽生命、滋养内心的安宁与欢悦。

　　将我唤回正途的是孩子们。十年前，教几个孩子写字，闲暇时，画些甲骨文让他们猜，没想到他们满眼的惊喜，没想到他们可以精准地说出那些符号的本义，甚至可以描述出一个个的故事。那一刻，忽然觉得讲授知识和技艺没那么重要了，那时起，决定和孩子们一起去亲近汉字，带他们探知汉字背后的故事和秘密。

　　我们先开了画字课：列一个主题，试着用最简单的符号表述，看谁画出的"字"最生动、准确。能把复杂的事物刻画得简单、准确，不容易。比如"人"，我们能画出正面直立的"大"的形状，没办法简约成侧身弯腰劳动的形象；比如"天"，我们会画一朵朵的云，会画日月星空，想不出在人的头顶标注出天的意象；比如"问"，我们可以想到一个人询问另一个人的场景，不会简化成一扇门、一张口……

比起画字，孩子们更喜欢看"字"讲故事。"月"，他们会说月牙中的点是玉兔、金蟾、嫦娥或吴刚；"安"，他们说是妈妈等他们回家吃饭；"习"，他们说是春天的清晨小鸟偷偷溜出温暖的窝迎着朝阳练习飞翔，甚至说是被后羿射落的三足金乌飞回来陪昔日的兄弟朝升夕落……

我从不点评，只告诉他们没有对错，没有标准答案，只有思维是否精炼合理，思想放飞得是否足够遥远。我喜欢看他们认真观察、努力思考的样子，喜欢他们自由自在、无拘无束的畅想。我总觉得他们需要这样的抽象与想象，需要感悟那些汉字精灵的睿智，需要在这样漫无边际的遐想中与远古的智慧碰撞、汇通，继而开创自己美好的未来。

有一次，我给他们讲"学"："子"是学生，"冖"是房子，"爻"是知识，上面那双大手是老师。有孩子问："为什么老师的手在教室外面呢？"没想过这个问题，一下子语塞。后来有孩子说那是天神的双手，说神话故事里人都是和神仙学本事的，包括孙悟空，师父是菩提老祖，所以才有了后来的上天入地、神通广大。这个说法倒是有趣，是否有神仙姑且不说，伏羲画卦、仓颉造字，确是仰观天文、俯察地理而来，而且"神"字的金文，中间是表示贯通天地的竖，两侧就是和"学"字一模一样的倒垂的大手。

孩子们的眼睛里，是干净得没有渣滓的世界，这种纯净，能清洗心霾。好多汉字，是他们启发了我的思考，甚至有些字，是他们教会我该如何认知。

汉字是一扇门，门外是知识，门里是智慧。汉字是一眼泉，汩汩而出的是清澈，濯净澄明的是心田。这十年，感恩那些陪我一起长大的孩子们，感恩那些精灵般的汉字，他们让我不泥陷于知识的海洋，让我窥见传统文化背后的精微与深邃，他们让我在红尘侵染中找回自己，让我在心底种下一抹柔软与清明。

　　这些年，我于汉字，如入山寻宝，每有所获，且生命越经历，所得越丰厚。那些汉字精灵，常常在我认知的一步之遥等着我，可当我迈进，伸手去触摸时，又倏地闪到更远处。我曲曲折折地追着它们走，穿越经典，穿越亘古，隐约遇见了光。有时我会想，或者它们不是与我捉迷藏，只是想带我去往它们生出的地方。那里，一定很美好。

　　写这套书，写这些文章，心里只有一个念头，若是孩子们能随我同去，该有多好。

田舍之

戊戌夏至于潮白河随寓

# 目　录

鹏程万里 /001

游刃有余 /010

专心致志 /018

量力而行 /024

井底之蛙 /031

螳螂捕蝉 /038

濠梁之辩 /046

相由心生 /052

以己度人 /059

朝三暮四 /065

木雁之间 /072

大而无用 /081

所用之异 /087

涸辙之鲋 /095

呆若木鸡 /102

鬼斧神工 /110

大匠运斤 /118

夔怜蚿足 /126

鼓盆而歌 /133

相濡以沫 /141

庄周梦蝶 /148

后记 /156

鹏程万里

这个世界，越来越丰富了。我们懵懂着来到这个世上，慢慢睁开眼睛，开始一点点地熟悉、认识身边的人和事物；然后，我们学习，尽最大可能地探知过去、现在，甚至未来；再后来，我们思考，并试着把自己的思想表达出来，甚至去创造、发明许多新鲜的事物，让世界

变得更加丰富和精彩……

　　战国时期的思想家庄周，就是一个能把自己领悟出的哲理，创作成一个一个鲜活、生动的寓言故事的人，后世尊称他为庄子。

　　庄子说，在遥远的草木不生的北方，一个很深的大海里有一种鱼，它的脊背有好几千里，没人知道它到底有多长，这种鱼的名字叫做鲲。有一天，鲲化成了鸟，名字叫鹏，它的脊背像座大山，展开的双翅像是遮天蔽日的云。鹏鸟奋起而飞，翅膀拍击海面，激起三千里的波涛。鹏鸟借着海面极速旋转的狂风，直接冲上九万里的高空，然后穿越云层，背负青天，飞往南方的天池。

　　寒蝉和小雀看见南飞的大鹏，讥笑道："它这是打算飞到哪儿去啊！我们奋力一跃，飞到几丈高就落下来，甚至常常会碰到树枝，都飞不到高处。但这有什么呢？就这样在蓬

汉字与庄子

蒿丛里盘旋，不也很快乐吗？何必非要跑到九万里的高空，向遥远的南方飞啊！"

庄子说："你们这两个小家伙懂什么！那些小蘑菇，早上生出地面，晚上就死了，根本不知道什么叫月圆月缺。你们这些夏天出生、秋天就死去的蝉，也不会知道什么是四季变化啊！怎么可以随便嘲笑鲲鹏的志向呢？"

小雀说："我知道什么是四季，什么是年。"

庄子说："我们的小智慧比不上那些大智慧，我们说的小年比不上那些大年。楚国南边有一只灵龟，五百年对它来说只是一个春季，五百年对它来说只是一个秋季。上古的时候有一种大椿树，八千年对它来说只是一个春季，八千年是一个秋季，这些大年连我都不知道啊！"

蝉和小雀呆呆地望着天空，好像听懂了庄子的话，又好像很彷徨、疑惑。

其实随着成长和进步，在渐渐丰满、充实的日子里，我们也越来越多地遇见彷徨和疑惑，比如面对选择，比如判断是非，比如思考生命的去向。甲骨文中有这样一个字：十字路口中间，一个挂着手杖的人，大张着嘴巴左顾右盼……这是迷路了吧，不知该何去何从。这个字，是疑惑的"疑"。

《说文解字》中对"疑"的注释是"惑"。"惑"上面的"或"字，最早的字形由表示

城郭的"囗"和"戈"组成，本义是有军队守护的疆域，是"域"和"国"的本字。需要用"戈"来镇守和捍卫的国界必然是清晰、明确的，后来怎么会引申出"或许""或者"这样不确定的含义了呢？以至于后来加了"心"组成"惑"，会不会也是由疆域边界会意而来的？

戈　　　　城郭　　　　有军队守
　　　　　　　　　　　护的疆域

或　　　　心　　　　疑惑

005

我们习惯了用是非判断事物，甚至有时会非黑即白，泾渭分明，这真的算是一种智慧吗？有没有一种可能，正是因为我们太过于自我甚至武断地判别，最终导致了"惑"的产生呢？我们常常活在自己设定的局限的思维里，常常过于执着地固守着狭隘的边界，于是会有"一叶障目，不见泰山"的屏障，亦会由此生出诸多的困顿、纠结和烦恼。

"惑"在《说文解字》中的释义是"乱"，最早的"乱"字像是两手抓持、绞缠在织机上的丝线。"剪不断，理还乱"，李煜的这句词倒是很形象地表述了"惑"的情状。如此，或许可以想象古人造这个字的初衷，可能是要告诉我们关于"界定"的利弊，告诉我们明辨是非、不陷是非的哲理。

撲

蝗

织机上
的丝线　　双手抓持　　整理乱线　　乱

　　我读庄子，常常见到他对"界限"的论述，比如鲲鹏和蝉雀。在他眼里，我们的疑惑大都源于无知或是太过绝对的认知与评判，而解决困惑的大道恰恰是要破除"惑"，从而放宽眼界看世界。

　　古人很早就开始探究"道"。"道"的甲骨文，由"行""首""止"组成。"行"是十字路口，"首"表示思考，"止"是脚趾的形状，表示行进。能在生命的急行和精进中保持明智的思考和判断，大概就是古人追求"道"的本意吧。

术 + 台 + 止 → 衛 = 道

路口　　思考　　脚　　思考正确
　　　　　　　　　　　的路并行进

疑或惑

009

乱道

# 游刃有余

古人学习，很注重"道"。唐代韩愈在《师说》里曾谈道："师者，所以传道、受业、解惑也。""传"的甲骨文和现在的字形一样，左边是"人"，右边是"专"。"专"是用手转动纱锤的形状，有专注、专一的含义。如此，传道的"传"，除了传承、传递，是不是也有专心、精一的意象呢？孔子讲"吾道一以贯之"，真正的大道，不是散乱割裂的知识，而是万物通达、融会一体的智慧。

人　　　转动纱锤　　　传递

011

教授知识和技艺，用韩愈的话说，是"受业"。"受"字的甲骨文很形象，中间是"舟"，两端是手，很像是用船只在两岸间传输货物，岸边各有人负责运送、接收。师父教徒弟，往往也是这样手把手不断往复、不厌其烦的。用"受"这个字来表示教学，真是再恰当不过了。

舟　　　两只手　　　传输货物　　　受

道是智慧，需用心领悟，不好传。业是知识、技能，但凡肯下功夫，没有学不好的。那么，解惑的"惑"，指的是学"业"还是学"道"中的困惑呢？或许可以这样理解：古代的教育，核心是"道"，"业"是道的具象体现，师者在"业"的传授中，启发弟子思考其中的规律和变化，从而逐渐探索至简至真的事理与物理，继而觉悟大道。在弟子道理不明、事理不清时，师者予以排解、启迪，该就是"解惑"的本义吧。

道理的"理"，左边的"王"指的是玉石，《说文解字》对"理"的解读是"治玉也，顺玉之文而剖析之"，意思就是顺应玉石内在的纹理进行切割、雕琢、加工，使之成为精美的器物。古人很早就发现了玉石的温润细腻，会用它制成贵重的礼器或配饰，甚至后来以玉的品格来形容人的德行，所以用玉的纹理来表示事物的道理，其中应该蕴含着尊贵、尊重的情怀。

玉石　　　里　　　纹理

再来看解惑的"解"，最早的字形是牛头上有两只手握着滴血的牛角，本义是剖取牛角。据说取牛角是剖牛过程中技术最复杂、最具代表性的步骤，所以古人用这样的意象

来表示剖解、分析，也是要强调"解"的重要。治玉需要熟知纹理，解牛也是需要分析肌理的，所以古人把这两个字组成了我们常用的"理解"。

手握　滴血的牛角　牛　　剖取牛角

我们的学习，或许也要重视这样的"理解"吧。不只是简单的记诵，要在知识的背后探寻事物的真理，遇有疑惑，找老师或者深入经典寻求拆解。如此，我们会离"道"越来越近，会由此而生智慧。

庄子讲过一个"解"牛的故事：有个叫丁的厨师，为文惠君表演解牛。庖丁对着被

牛

简凡

绑着的牛，拿刀开始拆解。看他手一扶，肩一靠，膝盖一顶，然后就听到噗噗的皮肉分离之声，这声音非常有节奏，像《桑林》舞曲的节拍，又似《经首》乐章的韵律。过了一会儿，庖丁从牛身边离开，提着刀站在那儿。这时候，牛身上的肉突然像泥一样哗啦啦散落一地，而牛死之前似乎并没有感觉到特别痛苦。

文惠君大赞："太神奇了！您的技术怎么能达到这般高超的境界呢？"

庖丁放下刀对文惠君说："大王，不是我技术高超，是因为我一直以来追求的是道。刚开始，我眼睛里看到的是牛，三年后，牛在我眼睛里只是肌肉组织。现在，我已经不用眼睛看了，只用心去感受刀在牛身上游走。这把刀顺着牛的结构，插入筋骨间的缝隙，劈开骨头间的空当。关节之间有空隙，而刀刃没有厚度，把没有厚度的刀刃插入有空隙的关节，当然是宽绰无碍，游刃有余啦。即便如此，在遇到筋骨盘结的地方，我知道不容易，就会小心谨慎，神情专注，动作慢下来，动刀也很轻微。依着牛的身体结构一块块分解，刀在牛身上游走，脉络相连、筋骨盘结的地方都不会触碰，更不用说那些大骨头了。

"好屠夫一年换一把刀，他们是用刀来切割筋肉；一般的屠夫一个月就得换一把刀，他们是用刀砍骨头。您看我这把刀，已经用了十九年了，所解的牛有几千头了，刀刃就像在磨刀石上刚刚磨过一样。"庖丁这样说道。

文惠王说："我听了庖丁的这番话，学到的是养生的大道啊！"

传受

017

理解

专心致志

一次，孔子前往楚国，经过一片树林，看到一个驼背的老人正拿着一根竹竿从树上粘蝉。这老人技艺非常高，在树上粘蝉就像从地上捡拾东西那么轻巧。

孔子问老人："老人家，您真是灵巧啊！您粘蝉有什么诀窍吗？"

老人答道："当然有啦！我可是花了五六个月的时间来练习这门手艺的。"

"老人家，您是怎么练的呀？"孔子的弟子问。

老人说："等我练到能够在竹竿梢上垒两个丸子而不落地的时候，我粘蝉就很少失手了。后来再练到垒三个丸子都不掉的时候，十次只会有一次失手。当我能在竹竿上垒五个丸子时，粘蝉就像从地上捡东西一样容易了。"

老人随手摆了个姿势，拿着竹竿说："你们看，当我粘蝉的时候，身体像树桩一样纹丝不动，胳膊像枯树枝一样稳定，虽然广大的天地间万物纷杂繁多，但我却只看见树上蝉的翅膀。我仰着头，目不斜视，什么东西都不会影响我对蝉翼的注意力，怎么会粘不到蝉呢？"说完，老人哈哈大笑。

孔子回过头对弟子们说："什么叫用心不二、凝聚专一，说的就是这位粘蝉的老人啊！"

这是《庄子》里的一个故事，在故事里，我看到了"专注"。一个人做事若不专心，往往会拖沓、散乱，自然也会条理不清，甚至会因此而生出许多祸患与挫败。有人走平路都会摔跤，大多是心神不宁的缘故，怪不得别人。

甲骨文的"专"字，中间是一个缠绕着丝线的纱锤，两侧是一双手，表示转动纱轮纺线。有的甲骨文简化纱轮形象，并将双手简化成一只手，还有的甲骨文在纱轮下加了一个圈，强调纱轮圆轴的形状。纺线必须认真，丝线才不会散乱、脱离，纱锤以中轴为心，所有纱线盘旋缠绕其上，所以"专"字后来有了神思专注、目标精一的含义。《易经》

里说乾卦"其静也专，其动也直，是以大生
焉"，意思是象征天道的乾卦，静时能专一，
动时能正直，所以才能广生万物。

纱锤　　　　　手　　　　转动纱轮纺线

　　和"专"字意思相近的字是"定"。"定"
的甲骨文由表示房子的"宀"和"正"字组
成。"正"字甲骨文的形状，上面是表示城
邑的"口"，下面是表示行军的"止"，本
义是征伐不义之师，所以后来有了正义的含
义。《说文解字》里对"正"的解读是"是"，
意思是正确。不过《说文解字》后面的注释
很有深意："从止，一以止。"这样看来，"正"
便有了"止于一"的专注的意思了，古人讲"诚

意正心"，或许也有意念精诚、心性专一的含义。如此，用"正"组成"定"，或许也有一个人回家后不再思考俗世的烦乱，端正心性，安居度日的本义。

房屋　　正　　安定

《大学》里有"知止而后有定，定而后能静，静而后能安，安而后能虑，虑而后能得"的句子，意思是专心、安定下来才能有所思，有所得。我们的学习，最要紧的也是这种专注的精神和能力。学习效率的提高，乃至生活中处事的顺遂，核心诀窍就在于此。孟子说："不专心致志，则不得也。"大概也是这个意思。

量力而行

庄子说鲁国有个叫东野稷的人，驾马车的技术非常娴熟，他驾着马车前进后退都非常笔直，左右转弯时能在地上画出完美的弧线，如同用规、矩校正过一般。

鲁庄公召见了东野稷，让他当面表演驾车。东野稷的车技果然如传闻一般精彩绝伦，于是鲁庄公让东野稷转一百圈供他观赏。鲁国的一位贤士颜阖正好路过，看到东野稷在那里驾着马车转圈，就过来拜见鲁庄公说："东野稷这次要失败了。"鲁庄公不太高兴，假装没听见，没有理会。

没过一会儿，东野稷果然翻了车。鲁庄公便问颜阖："你是怎么知道他会翻车呢？"颜阖答道："他的马已经完全没力气了，东野稷还强令它拼命奔跑，不翻车才怪呢！"

俗话说："没有规矩，不成方圆。" 为人处事要顺应自然规律，动静适宜，方圆有度才好。行事若失了尺度，难免会犯东野稷一样的过错，最终翻了车。

规、矩是古代木匠用来校正圆形和方形的工具，也就是现在常见的圆规和角尺。"规"字左边的"夫"是在人形的"大"字上加了一横指事符号，意思是束起发髻，标志成年。

规矩

律过

"见"字甲骨文是一个人头上顶着一只大眼睛，强调了观察、注视的意象。如此，"规"字大概是刚刚成年的男子认真观摩前辈的言行，专注学习的意思吧，所以后来引申出规范、法规的含义。

成年男子　　　注视　　　规范

"矩"字最早的字形左边是工尺的"工"，右边是"大"，中间标示了用手抓握的形状，本义就是古人用来画直线、直角的"工"形尺。后来有的字形把手握工尺的形象误写成"巨"，把"大"写成了"夫"，再后来又有人把"夫"写成了表示箭的"矢"，于是有了现在的"矩"的字形。不过《说文解字》中对"矩"里的"矢"是这样解读的："矢者，其中正也。"用箭来喻示位置中正，用工尺的形状表示方直，于是也有了规矩的含义。《易经》里讲天圆地方，所以"规矩"后来有了天地万物运行规律的意思。

工尺　　抓握　　大　　画直线的"工"型尺

矢　　　工尺　　画直线的工具

规律的"律"字，"彳"表示行走，"聿"

是手握毛笔的形状，本义是书写在册供人遵行的法规、准则。《说文解字》里对"律"的释义是"均布也"，意思是均衡广布于万事万物中的真理。或者，"均布"是否也可以理解为均匀分布，处事中正，不偏激，不过分呢？

行走　　手执毛笔　　写入典册的法则

　　我们常说的"过错"，大概就是不合规矩，不符合事物规律，太过偏颇而导致的错误吧。金文的"过"字，由表示行进的"彳"、"止"和代表死亡的残骨组成，意思是生命在岁月的行进中走向死亡，化成了枯骨。这个字看起来有些可怕，像是在提醒我们"过"的严重性。

行走　　残骨　　脚　　走向死亡

　　东野稷御马，不是技术不熟练，而是过分自信，过多地消耗了马匹的气力，最终导致了失败。我们做事，激进执着是"过"，散漫懈怠也是"过"，都是逾越了规矩的边界，包括追求完美、极致，往往也会生出过错。古人讲"量力而行"，大概就是行事中庸的方法和规律吧。

井底之蛙

读万卷书，行万里路，不仅是丰富知识、增长阅历，更重要的是开阔眼界、拓展胸怀、激荡思想。在这样的学习和精进中，最大的障碍莫过于自以为是、坐井观天了。

"坐井观天"这个成语出自《庄子》，说的是一只大龟和一只小青蛙的故事。

一只东海来的大龟路过一口水井，正好碰到了住在井里的小青蛙。青蛙对大龟说："你看我是多么快乐啊！想出去玩时，就到井边的栏杆上蹦蹦跳跳；想睡觉时，就到井中残壁的窟窿里休息；浮在水面上时，水刚好托着我的两肋和下巴，钻到水底时，泥巴也就刚刚没过我的脚背！井底的那些小虫、小螃蟹和蝌蚪根本没法和我比，我独占着水井，想在水上就在水上，想在水下就在水下，真是自在又快乐，你要不要进来参观一下？"

大龟想进入看看，但左脚还没迈进井里，右腿的膝盖就已经被狭小的井口卡住了。于是大龟在井边徘徊了一阵，就退了回来。它把大海的景象讲给小青蛙听："一千里远，不足以形容海的大；八千尺长，不足以穷尽海的深。大禹的时候十年九涝，而海水不见多；商汤时八年七旱，而海水没下降。海没有因时间的变迁而改变，也不因雨水的多少而涨落，这便是海的大乐趣啊。"井底之蛙听了海龟的话，惊得目瞪口呆，茫然中若有所思。

"井"是个象形字，甲骨文的形状由两横两竖构成，和现在的汉字很接近，本义就是水井。传说"井"是一个叫伯益的人发明的，这应该和伯益辅佐大禹治水的故事有关，长期与水土打交道，是很容易发现地下水的秘密的。而且考古证明，我国确实在尧舜时期就有水井出现了，可见很多传说也具有一定的真实性。

凿井技术的发明让人们在广大的平原地带安定下来。之前因为饮水的问题，人们不得不靠近河流居住，还要常常忍受河水泛滥的威胁。"井"字后来有了安居、故里的寓意，估计是由此引申出来的。

"井"字的两横两竖，据说是古代凿井时在地面预先安置的井架，也有人说是水井凿成后在井口安装的护栏。后来"井"字的形状被借用到一种土地规划制度上，也就是"井田制"。井田制时期的田地，被纵横交错的道路和水渠分割成一个个方块，这时"井"字的横竖线就成了土地的边界。《说文解字》里讲"八家一井"，说的就是土地的分配。

　　宽广无垠的土地被划分了边界，虽是便于管理，但在我看来，更多的是丢失了自由的意味。"界"字由"田"和"介"组成，甲骨文的"介"字是人披裹着护革的形状，土地被披上了护革，就有了边境、局限的含义。

土地　　　　人披护革　　　边境局限

　　"局"字最早的字形是人在狭小的屋子里弯腰曲背的形态；"限"字由通往高山的石阶和顶着大眼睛的"见"组成，意思是崇山峻岭让人望而却步。

弯腰的人　　　狭小的屋子　　　局限

石阶　　　　见　　　　　望而却步

如此，我们从"井"字里看出的，更多是安然、稳定，还是局促、限制呢？或者，我们为人处事，要学着进退有度，而精神与思想，该是自由高远才好吧。

　　目光越高远，胸怀才越宽广，思想才越深邃。而日益精微的思想，亦会滋养心胸的宽容和博大，丰满眼界的边缘与质地。如此自外而内，自内而外，往复开合，生命便渐渐精彩起来。

037

螳螂捕蝉

我们常用"井然有序"来形容一个人做事有条理、有次序，用"杂乱无章"来表示处事没头绪、无章法。

金文的"序"字很形象，左边是"厂"，表示开放式的建筑物，右边是连着三条短线的圆圈，像是进入主屋的不同方向的走廊，本义是一种可以遮风避雨又能欣赏风景的附属建筑。人外出回家，先要经过"序"，然后才能进到主体房间，所以"序"字后来引申出先后次第、序列的含义。

开放式建筑　走廊　附属建筑

"章"字最早由表示刻刀的"辛"和表示木、石横截面的"口"组成，意思是在木或石上刻字。古人会把刻有姓名或标志性文字的木章或石章印制在特定的物品上，用以突显个人的成就或身份，所以"章"字就有了宣扬、彰显的含义。或许彰显自己需要由内而外、严谨清晰吧，所以"章"字后来有

先后

了规章、章法的含义。

刻刀　　木、石截面　　刻字

做事有条理、有章法，是一个人的素养，培养如此素养的前提是通达事理。曾子在《大学》中讲过："物有本末，事有终始，知所先后，则近道矣。"意思是凡事都有本末始终，学着认知事物内在的先后次第，就能逐渐接近大道了。

小时候妈妈常叮嘱我们"先洗手，后吃饭"，上学后变成了"先写作业，然后再玩儿"，出门坐公交车，还要遵守"先下后上"的规则。古人讲做事要"先小人，后君子"，讲情怀要"先天下之忧而忧，后天下之乐而乐"。生活中的"先后"比比皆是，简单中蕴含着大道理。

　　甲骨文的"先"字，上面是"之"，表示自己在行走，下面是"人"，表示他人，本义是走在他人前面。这个字的结构很有趣，没有用左右结构表示前后，而是把表示自己的"之"放在他"人"之上，细看起来，是不是有一点趾高气扬、志得意满的感觉？

自己行走　　　　他人　　　走在他人面前

　　"后"字甲骨文中也有表示行走的"止"，一只脚的形状，不过是倒着写的，而且在这

个倒着的脚上面还有一个表示捆绑的"糸"。这个字看着就特别委屈，同样是上下结构，上面像是捆绑押送奴隶或战俘的人走在前头，下面倒着的脚步该是表示被押送的人紧随其后了。《说文解字》里对"后"的解读是"迟也"，于是步伐迟缓、垂头丧气的意象更加明显了。

倒写的脚　　　系　　　迟缓行进

其实事物的先后原本只是个次序，古人重视先后，不过是要通过研究次第而洞明事物内在的规律和道理，其中没有贵贱优劣之分。所以凡事未必一定要"争先"，也无需"恐

后"，只需循理而行便可。甚至，在很多事上，还要学会"瞻前顾后"，如此才能统揽全局，才不会缓急不分，乱了章法。

庄子讲过一个关于先后的故事，不过这个故事里，落在后面的更志得意满一些。

庄周到雕陵的栗子林里游玩，看见一只奇异的鹊鸟从南方飞过来，翅膀展开有七尺宽，眼睛直径有一寸长，这只鸟掠过庄子的额头，然后飞到栗林里去了。

庄周自言自语道："这是什么鸟呀！翅膀大却不能高飞，眼睛大却不敏锐！待我把它打下来！"于是提起衣裳快步走过去，拿着弹弓静静地窥伺它的动静。

在一棵栗子树的树枝上，庄周看到一只蝉正在一片树叶下乘凉，这片美好的树荫非常舒适，蝉完全忘记了身处的环境。一只螳螂躲在树叶后面，正举着前臂悄悄地靠近，准备捕杀这只蝉，看着要捕到的猎物，螳螂也忘记了自己处境的安危。而那只奇异的鹊鸟，紧随在螳螂后面，聚精会神地注视着眼前的两只小虫，贪婪的念头下，完全没有顾及身外的危险。

　　庄周看到这一切，心里惊叹道："唉！世上的万物原本就是这样相互牵累、相互争夺，这都是贪图利益的缘故啊！"想到这里，他扔掉弹弓往回走。这时，一个看园子的人迎面走了过来，以为庄周是来偷栗子的，于是在后面追赶着责骂他。

濠梁之辩

有一天，庄子和他的好朋友惠施在濠水桥上散步，庄子看到河里游走的鱼儿，随口感叹："这些鱼儿真是自在快乐啊！"惠施说道："子非鱼，焉知鱼之乐？"意思是你又不是鱼，哪里知道鱼的快乐呢？

庄子回答说："你不是我，怎么知道我不知道鱼的快乐呢！"惠施说："我不是你，自然不了解你。但你也不是鱼啊，所以一定也是不能了解鱼的快乐的。"

庄子笑了笑，安闲地答道："我们先回到你最开始的问题，你问我，我哪里懂得鱼的快乐，这就说明你已经知道我知道鱼的快乐了！而且我还可以告诉你——我是在濠水岸边知道的鱼的快乐啊。"

庄子这话很像是诡辩，不过我知道庄子是真懂得鱼的快乐的，他如此转移话题，只是不想陷入"是非"的争论罢了。

我们平时常会遇到"是非"，比如考试，会有选择题或判断题，判断题比较简单，答案只有对和错两种，选择题相对复杂一些，而且选项中常有似是而非的答案。这两种题型都有标准答案，对就是对，错就是错，没什么可争辩的。

生活中，我们也经常遇到这样的"考试"，比如一件事该坚持还是放弃，比如一个人该怎样与人交往，如果朋友犯了错，该用怎样的方式去规劝？这样的"试题"，恐怕很难有标准答案，每个人都有自己的认知，每个人的选择都有自己的理由。于是，意见不一致时，就会产生争辩。我们把这种口舌争论称作"是非"。

最早的"是"字，上面是太阳，中间是表示手的"又"，下面是表示脚的"止"，意思是艳阳高照，人们手脚并用、忙碌劳作。古人日出而作、日落而息，他们的生活简单而规律，他们还很勤劳，觉得白天去田地里劳作是理所应当的事，所以"是"就有了适宜、正确的含义。"非"字甲骨文的形状是相背的两个人，头上各有一横指事符号，强调两人思想的背离和观念的冲突，本义是互相抵制、排挤甚至攻击、责难，后来引申出违背道理、判断错误的义项。

太阳　　手　　脚　　日中劳作

相背的两个人　指事符号　　思想相背

049

　　由此可见，古人是有是非观的，他们评判是非的标准是事理和规律，合乎道理、适时恰当的是对的，否则便是错的。能明辨是非的人，是智者，可以指引方向。不过常人的争辩，更多的是情绪，是固执己见，甚至

有时候只是好胜，想让别人接受自己的观点。陷入这样的争辩，不去探究真理，不肯站在别人的角度或更高的层次看待事物，于人无益，自己也不能进步。

　　世间的很多事没有绝对的是非，不同的时间、不同的境况、不同的人，对错的标准往往也不一样。因地制宜，因时而异，学会接纳和包容，学会循理变通，才是真正的智者，才会慢慢接近正"道"。

051

相由心生

春秋战国时期有个叫杨朱的思想家，开创了道家的杨朱学派，对后世影响很大。《庄子》里有一个关于杨朱的故事，谈到了"美"和"丑"。

杨朱和弟子们到了宋国，下榻在一个旅店里。店主人有两个老婆，一个长得特别漂亮，另一个长得有点丑。在旅店住了几天，杨朱发现店主人很尊重长相丑陋的那个老婆，而漂亮的那个却好像备受冷落。杨朱很奇怪，就问旅店主人为何如此。店主说："漂亮的那个自以为美丽而骄傲，所以我不觉得她有什么美；另一个一直觉得自己很丑，可我并没觉得她哪里丑啊！"杨朱感叹地对弟子们说："你们都要记好了！品行贤明高洁而又不自以为是的人，到哪里会不受尊重和敬爱呢？"

其实美丑是没有绝对标准的，有人喜欢刚毅粗犷，有人喜欢细腻婉约，又比如现代人追求苗条，而唐代则崇尚丰腴。不过审美的标准虽然因人而异或随时代而变，但世人对"美"的追求却从未间断。

甲骨文中的"美"字很形象，下面是表示人的"大"，上面是花枝或草叶的形状，意思是头戴花草饰物的人。有的甲骨文把

"大"写成了"夫"，表示用发簪束发的男子，并强调了把花草插在头发上的意象。还有的甲骨文在头顶画了重叠的花叶，这就很有些花团锦簇的样子了。篆书时，头上的饰物逐渐演变成了"羊"，《说文解字》解释说："美，甘也。从羊从大。羊在六畜主给膳也。"意思是羊在六畜之中是提供肉食的主力，所以有美味的含义。

大　　　　花枝　　　头戴花草饰物的人

《说文解字》还强调了"美"与"善"同义。"善"字的甲骨文有很多种形状，都很有趣，有的是在"羊"角下面加了两点表示双眼，

有的直接画了两只大大的眼睛的形状，还有的把羊角画成弯曲的形状，下面是连着的两个"目"……金文时，"目"变成了"言"，于是"善"字从目光安详的本义演化成言语亲和了。《说文解字》对"善"的注释是"吉"，突出了吉祥美好的寓意。如此，"美"就从外在转成内在，从具象变成精神，从装饰、美味延展成和善、吉祥的含义了。

羊　　　眼睛　　　目光安详　　善

和"美"相对的是"丑"。表示丑陋的"丑"字最早由"酉"和"鬼"组成，"酉"是一个酒坛子的形状，"鬼"的本义是戴着恐怖面具的巫师，整个字形表示酒醉后面目可憎的神情。《弟子规》有"饮酒醉，最为丑"的句子，倒是和"丑"字的本义很契合。由此可见，古人造字时就不是以容貌来定义美丑，而是以一个人的行止神态，乃至精神思想是否合体、合道为标准的。

酒坛　戴恐怖面具的巫师　醉酒的人面目可憎

"窈窕淑女，君子好逑。"我们与人初次见面时，常常会不自觉地把目光聚焦在外貌上，心里会有美丑的评判，并由此生出喜恶的情绪，这是人之常情。可相处久了，相貌的美丑就相对模糊了，这时凸显出来的，是一个人心灵的美好和思想的睿智。而且长相美丑也不是我们能控制的，我们能做到的，是善良和豁达。古人讲"相由心生"，或许心美了，容貌也会变得美丽起来。

以己度人

059

每个人都有好恶之心，"好"是心里喜欢的，"恶"是心里不喜欢的。我们常常将自己喜欢的分享给别人，这是一种美德。但这个世界上的每个人都是独特的，都有自己的好恶，所谓春兰秋菊各有所爱，把自己喜欢的"好"强加给别人，未必是真的好。

《庄子》里有这样一个故事：有一只美丽的海鸟飞到鲁国的城郊，鲁侯非常喜欢，赞叹道："太漂亮了！你看它的躯干多么威武，它的羽毛多么美丽，它的嘴巴多么光滑！"鲁侯把这只大鸟迎进城里，并在鲁国的太庙设宴款待。酒宴非常隆重，上的是牛、羊、猪齐备的大餐，其间还有乐队演奏盛大的宫廷乐曲，可海鸟却一块肉也没吃，一杯酒也没喝。三天后，鲁侯发现海鸟已经死了，悲伤地说道："我已经给你最甘醇的美酒、最美味的佳肴、最动听的音乐了呀，你怎么会死了呢？"

庄子听说了这件事，感叹地说："鲁侯这是用供养自己的方式来喂养鸟，而不是用喂养鸟的方式来喂养它啊。"

鲁侯好心做了坏事。我们的生活中，是不是也常常有这种以己度人的情境呢？与人相处，需要将心比心、换位思考，真正的尊重是能感知到对方的感受，能了解、体谅别人的习惯，而不是以自己的"好"与"恶"为标准。

　　甲骨文的"好"字，左边是屈膝跪坐、双手交叠的"女"，右边是"子"，很像是母亲温婉、慈爱地与孩子相处的场景，由此有了美好的含义，后来又引申出爱怜、珍惜、喜欢的意思。《说文解字》中对"好"的解读是："好，美也。从女子。"其中或许有形容女子容貌姣好的意象。

女　　子　　美好

　　"恶"字上面的"亚"，甲骨文字形的

意象不是很明确，中间像是表示纵横交错的十字道路，四端像是表示建筑的指事符号，据说本义是有等级、有秩序的部落住宅群。可能是这样的住宅群落不算是核心建筑吧，所以后来有了次要的、位居第二的含义。现代体育比赛中常说的"亚军"，就是采用了"亚"的引申义。

十 ＋ 口 → 啙 ＝ 亚

路　　　建筑　　　住宅群

《说文解字》中对"亚"的解读是"丑"，下面加个"心"，表示心里觉得丑陋，所以反感、厌恶。《说文解字》对"恶"的释义更直接："恶，过也。"意思是过错、罪过，所以后来有了"罪恶"的含义。

仁

筒山

亚　　　　心　　　　反感

其实，一个人屈居亚军，算不上罪过；生得丑，也不能视为过错，更不该由此而生歧视和厌烦之心，否则便是"不仁"。仁爱的"仁"，右边的"二"或许有等同的含义。如此，若能体己谅人，不轻易以私欲而生厌恶，不刻意让别人体会到我们的"好"，大概就能算是仁爱了。"仁"是温暖的、鲜活的，能懂得别人的人，一定有一颗柔软、善良的心，一定能成就最美好的生命。

人　　　　平等　　　　一视同仁

朝三暮四

065

我们的生活中常常会面对得失，常常需要在得失间判断、抉择，很少有人能在这样的抉择中从容坦然，因为我们往往只能看到眼前的利弊，看不到选择之后的结果。《论语》中孔子说："其未得之也，患不得之；既得之，患失之。"意思是没得到的时候为得不到而忧患，等到得到了，又开始忧患失去，"患得患失"这个成语就是由此而来。

《庄子》的故事里，有一群患得患失的猴子。

传说宋国有个狙公，他很喜欢猴子，养了一大群。狙公懂得猴子们的心意，猴子们也能了解狙公的心思。为了让猴子们吃饱，狙公甚至减少了全家的口粮。可是渐渐地，粮食越来越匮乏，狙公不得不决定限制猴子们的食物，但他怕猴子们会生气而不听自己的话，于是就骗他们说："我给你们橡树果实，早上给三颗，晚上给四颗，够吗？"猴子们听了都非常愤怒地跳起来嗷嗷乱叫。过了一会儿，狙公又说："好吧，那就早上给你们四颗，晚上给你们三颗，这下足够了吧！"猴子们听了都很高兴，又对狙公服服帖帖的了。

朝三暮四与朝四暮三本没有本质上的区别，但猴子们很怕吃亏而起了"患失"的心。"失"字很有动态感，金文的"失"字，主体是"手"，右下方加了一条指事的弧线，表示事物没有抓牢或掌控好而从手中脱落，所以有了失去、失败的含义。看这个字，总是心生怅惘，毕竟曾经得到过，毕竟近在咫尺，眼睁睁地失去，确实心有不甘。

067

失 ＋ 丿 → 失 ＝ 失

手　　　　事物　　没有抓牢而失落

　　同样是失去，"舍"字便释然得多。甲骨文的"舍"是有梁柱、有屋顶的房子，篆书时左边加了"手"，于是有了表示免费给予的意思。《说文解字》对"舍"的解读是"释也"，意思是放手。如此看来，"舍"有主动放下的含义，或者也可以这样想：失去时能释怀，能放下便是"舍"。

手　　　房屋　　　免费给予

跟"失"相对的字是"得"。"得"字最早的字形是一只手拿着贝壳的形状。贝壳早在商朝就作为货币流通使用了，我们常见的"朋"的甲骨文就是两串贝壳连起来的样子，据说是当时的货币单位。所以，"得"字里的"贝"表示财物、宝贝，手里拿着宝贝，自然是表示收获满满了。"得"字甲骨文还有一种写法，是在"手持贝壳"的旁边加了表示行进的"彳"，意思是要远行跋涉才能获得"贝"，或者是表示需要行动才能有所得。

手　　　　　贝　　　　手拿宝贝　　　得

行进　　　　得　　　　行动才有所得　　　得

"彳"是十字路口的形状，有没有可能，这个字是表示因为在路口中间选择了正确的方向才有所得呢？《说文解字》对"得"的注释是"行有所得"，应该也是指正确判断后的行动吧。甲骨文中表示在十字路口能正

失

069

得

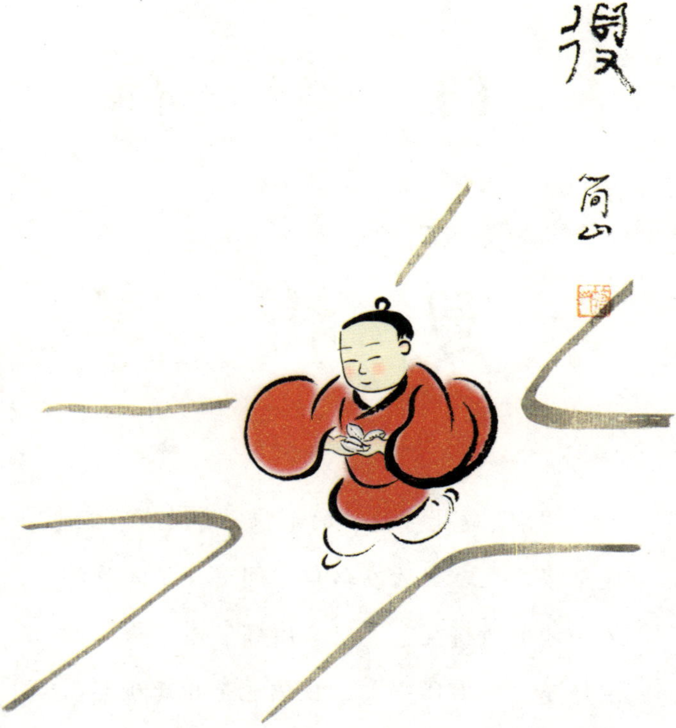

确判断方向的字是"道"，表示判断之后能坚定行走的字是"德"，如此看来，"得"字应该是合乎大道、践行"德"之后的收获了。管子说"德者，得也"，应该也是这个意思。

　　人这一生，总会有所失有所得。"失"不必烦恼，检点自己哪里不合"道"，调整方向、修正路径就好，如此，会增一分智慧；"得"也无需欢喜，学一学"舍"，在该放下的时候放下，在该给予的时候给予，如此，会多一分祥和。

木雁之间

有一次庄子带着弟子去看望他的朋友。去朋友家需要翻过一座山。在山上，他们看到一棵枝繁叶茂的大树，伐木工人就在旁边却不去砍它。弟子问伐木工为什么不砍这棵树，伐木工说："这是棵没用的散木，做船会沉，做棺材会很快腐烂，做家具很容易坏，做门轴它会渗出树脂，过两天就转不动了，盖房子它又会长蛀虫，没有任何用处。"庄子对他的弟子说："你看，这棵树因为没用所以能颐养天年啊！"

路过无用的大树，庄子携弟子下了山，他们来到朋友家。朋友见庄子来了，非常高兴，让小童杀一只雁给庄子他们煮来吃。小童回复："主人，咱们家有两只雁，一只会鸣叫，一只不会，您说杀哪只呢？"主人说："当然是杀那只不会打鸣的。"

第二天，庄子的弟子非常不解地问道："老师，昨天山里的那棵树因为没用所以能够享尽天年，而您朋友家那只雁却因为没用而被主人杀了，要是您的话，会选择有用还是无用呢？"庄子笑着说："我庄周将处在有用与无用之间啊。"

后来庄子又说："其实不论有用还是无用都难免受到伤害，但如果是顺应天道逍遥

而游就不一样了。既不在乎称赞也不在乎诋毁，需要有用的时候能像龙一般飞腾，需要没用的时候能像蛇一般潜藏，根据环境而变化，不要固守一端。既能上也能下，与天地因缘相合。利用外物而不被外物所控制，逍遥游于万物之上，这样你怎么会受到伤害呢？"

生活中我们看待一些事物，也常用"有用"和"无用"来判断。其实世间万物皆有其存在的道理和意义，所谓的有用无用，只是用我们有限的认知来议论和评判。

"论"字甲骨文的字形没有"言"字旁，上面是一个向下的"口"，下面是表示典籍的"册"。"册"字是用绳子把写有文字的竹木简串起来的形状，《说文解字》释为："符命也。"意思是记录了朝廷授权、诸侯分封信息的典籍，所以后来有了册封的含义。由此可见古人对"册"的重视。在"册"上加"口"，该是商讨准则，或是评说典籍教义的意思。
金文时，又在左边加了"言"，强调了诉说、
议论的意象。

向下的口　　　册　　　记录信息的典籍

　　议论的"议"字，右边的"义"有道义、
公理的含义，加"言"，表示辩论是非，分
析道理。古人讲"义者，理也"，强调了事
物内在的规律和普遍的、客观的道理，而我
们评议事物时，往往会陷入情绪化和偏执的
泥沼，从而引发许多无谓的争论，甚至会导
致错误的行为。

言 + 義 → 議 = 议

言语　　　公理　　　分析道理

　　还有评判的"判"字，看起来也有提醒我们不能轻易决断的意味。"判"字左边的"半"，上面是表示分割的"八"，下面是一头牛的形状，本义是将牛分成两半，后来又在右边加了"刀"，强调了分割的意象。远古时期，人们以肉为主要食物，大家一起打猎，回来共同分享猎物。而猎物的分割，非常强调均等、公平，所以"判"字的背后，该是有着非常严谨、慎重的意象的，所以后来有了判断、判决等词。

分割 　　牛　　刀　　把牛分为两半

　　其实有用无用的"有""无"，本也不是绝对的对立关系。"有"字最早的字形由表示手的"又"和表示肉的"月"组成，意思是手持肉食，象征持有。"无"字小篆的字形是在表示秃头的"兀"上加了一横，强调了没有头发的形状。"无"还有一种字形出现得很早，甲骨文的形状像一个人挥动花枝舞蹈的样子。据说最古老的舞蹈有祭奠先祖或阵亡勇士的本意，所以后来有了失去、没有的含义。《说文解字》中对"无"的释义是"亡"，应该就是源于这个意象。

| 手 | 肉 | 手执肉食 | 有 |

| 秃 | 指事符号 | 没有头发 | 无 |

| 人 | 花枝 | 舞蹈 | 无 |

　　关于"有",《说文解字》的解释是"不宜有也",意思是不合理地持有。包括"无",后来演化出欢快的舞蹈的"舞"。细想起来,古人对于有无的判断,很有些辩证的思维。

有用、无用，也该用辩证的思维去看待。以至于生活中所有的评议，无论事物的轻重大小，都要秉承公平、公正的原则，都要试着辨析其中的道理。不妄下定论否定事物的价值，也不妄自菲薄低估自己的长处，有效利用万物，合理发扬自己，才是合乎大道的智慧。

## 大而无用

081

日常生活中，我们会用到各种各样的物品，它们各有各的用处，给我们的生活带来很多便利。物尽其用是一种美德，也是对天地万物的尊重。

庄子曾讲过一个葫芦的妙用。有一天，惠子对庄子说："魏王送了我几颗大葫芦的种子，我把它种在地里，结果这葫芦长得也太大了。可大是大，却没什么用处。"

庄子问他："为什么会没有用呢？"惠子说："这葫芦虽然大，但质量很不坚固，如果用来盛水，怕是承受不了水的压力而碎裂。要是剖成两半当瓢用，又太大了，没有地方能放得下。它不是不大，但是没有什么用，所以我把它打碎了！"

庄子笑道："惠子啊！你这是不擅长用大的东西啊！你为什么不把这些大葫芦绑在腰上做成小船，乘着这种葫芦舟遨游在江河湖海里？这该是多么的逍遥自在啊！你只想到用葫芦做成瓢，又担心它太大没有地方放置，看来还是心智被束缚了啊。"

庄子善用万物，在惠子看来毫无用处的大葫芦都可以被他用作小舟泛游河海。在庄子的善用之中，我们看到的，不仅是阔达的想象力，更是不被世俗局限的自在与逍遥。

　　善用的"用"字，甲骨文的形状是木块箍扎成的木桶，中间的竖线表示安装在桶壁上的提手，很具象的木桶的样子。金文时，有的字形在中间竖线的顶端画了个圆，突出了提手的部分，于是木桶形象更清晰了。小时候在农村见过井边提水的木桶，那时就惊讶匠人是怎样把木片拼接得如此严密，以至滴水不漏的。后来，看到甲骨文的"用"字，知道早在几千年前，我们的祖先就发明了箍桶的技艺，更是惊叹不已。

木桶　　　　提手　　　有提手的木桶

《说文解字》中对"用"的解释是"可施行也"。"施"最早的字形，左侧是一根树干的形状，顶端扎有飘荡飞舞的旗幡，下面的"也"是蛇的象形，表示旗帜像蛇一样蜿蜒游动，后来引申出散布、给予的含义。"施行"，应该是能够广泛应用，给人带来方便的意思吧，可见古人心目中的"用"，不是指特定的事物、特定的用途，而是一物多用。

旗　　　蛇　　　散布

　　孔子讲："举一隅不以三隅反，则不复也。"意思是如果教了一件事物，你却不能举一反三、灵活运用，我就不再教了。我们的学习也是如此，该细细琢磨"用"的内涵、道理和方法，能够做到一物多用、一事多用，是把握了物理、事理之后的贯通和变化，是智慧。"天生我材必有用"，每个人都有自己的优点和长处，发现、培养、发挥自己的才华，才能长成栋梁之才，才能成为更好的自己。

所用之异

087

人难免会有伤病，去医院，会见到有分外科、内科，若是跌打损伤就去外科问诊，若是头疼脑热，则去内科挂号。

最早表示外伤的字应该是"疾"。"疾"字甲骨文的字形要比现在简单得多：一个表示人的"大"字，腋下有一支锋利的箭矢，箭镞直指躯干，明显能看出人中箭受伤的意象。这样的字形，看上去就觉得疼，所以"疾"字后来还含有疼痛的意思。估计是因为被箭射中是刹那间的事吧，"疾"字还被引申为迅速。孟郊的诗句"春风得意马蹄疾，一日看尽长安花"，用的就是极速的含义。

人　　　箭　　　受伤的人

后来人们省去了"大"字，在"矢"旁加表示病床的"疒"，于是有了现在的字形，意思是受伤后卧床休养。其实甲骨文的"疒"字比较复杂，左边是"人"，右边是"片"，中间是水滴。"片"是床的象形，有支架，有床板，"人"躺在床上，身下有汗液流淌，很具象的生病的样子。《说文解字》对"疒"的解读是："疒，倚也。人有疾病，像倚箸之形。""箸"和"着"同义，所以"疒"所表达出的患者浑身无力，只能倚床度日的情境更加明晰了。

089

人　　　床　　　汗水　　　生病流汗

病床　　　箭矢　　　卧床休养

我们现在看到的"病"字是篆书时候才

有的。"丙"的甲骨文和"穴"字没什么分别，只不过有的字形突出了上面的横画，据说是表示穿在石器空洞中的木棍，本义是手柄。如此，篆书的"病"字似乎是表示病患加重，需要手握床栏才能维持生活。或者"穴"有隐藏在里面的含义，"病"是表示内疾？

　　总之，疾病是件让人感到痛苦的事，于是古人发明了医药。"医"的甲骨文很有趣，左边的"匚"表示筐篓，中间放了"矢"，像是把箭收到筐子里，本义是盛放弓箭的器具。后来加了表示击打的"殳"和表示酒的"酉"，才有了医生的"医"的字形，意思是用酒来治疗疾病。

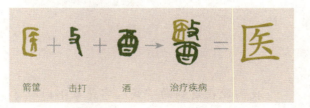

箭筐　　击打　　酒　　治疗疾病

比"医"更让人觉得舒畅的字是"药"。最早的"药"字，上面是"艹"，下面是"乐"。"乐"的甲骨文由"丝"和"木"组成，像是木上安有丝弦的乐器，金文时有些字形加了表示说话的"白"，于是有了和着乐曲歌唱的含义。鼓琴而歌总是件神情欢畅的事，所以"乐"字后来有了欢乐、快乐的含义。神农尝百草，是为了给人治愈疾病，我们的祖先很早就发明了草药，但用"艹"和"乐"放在一起表示"药"就很有趣了：外敷或内服草药，病痛全消，大病初愈后的欢乐全在这一个字里了。

艹　　欢乐　　草药

《庄子》里有一个关于药的故事。

宋国有一家人，祖传有一种神奇的不皲手的药方。冬天在皮肤上涂上这种药，就不会有冻伤，于是这家人世世代代都用这个药方做着漂洗衣物布匹的活计。

有个过路的外地人偶然听到了这种药，非常惊喜，心里说："这可是个宝物啊！"于是和这家的主人说："我想买您这个药方可以吗？我出一百金的价钱。"

这家人听了很吃惊，居然有人愿意出这么大的价钱来买药方。于是聚集起族人商量道："咱们家世世代代以漂洗衣物为生，忙活一年也赚不了几个钱，如今一下子就能卖出这么高的价格，咱们还是把药方卖给他吧！"

那个外地人得到了药方，随后去见吴王，游说吴王重金收买这个药方。这时正值寒冬，越国突然发难攻打吴国，他献计依仗药方水

上作战，于是吴王派他率军出征。天寒水冷，越国很多士兵的手都冻伤了，勉强持戈作战，而吴国士兵都涂了药，无冻伤之患，所以大败越军。

班师回国后，吴王非常高兴，分封给这个献药方的人一大片土地。这个人从此生活富裕，社会地位也不同了。

庄子讲完这个故事，感慨地说道："同样一个不龟手的药方，有的人用它能得到封赏，有的人却只能靠它做着漂洗衣物布匹的活计，这是所用之异啊。"

涸辙之鲋

昔借

095

假

生活中，难免会遇到"借"字。一分钱难倒英雄汉，事情急迫，手边物资短缺时，找朋友拆借一下，不丢人。而且有借有还，互相帮助，也是增进朋友情谊的一种方式。太极拳讲究四两拨千斤，以柔克刚，诀窍也是"借"力打力。独木难成林，很多事是需要大家同心协力才能完成的，这种合作，某种程度上也是"借"。

《三国演义》里，诸葛亮把"借"发挥到极致：先是"草船借箭"立下奇功，之后又"借东风"火烧连环战船，击溃曹操五十万大军……借物是人情，借力是技能，借时、借势是智慧。

"借"字右边是"昔"，"昔"字甲骨文像是一幅画：上面是太阳，下面是波涛汹涌的水流，像是天地间不见他物，只有天空烈日高悬、地上洪水滔天的远古洪荒时代的景象。所以"昔"就有了已逝的、久远的过去的含义。孔子观水，感慨道："逝者如斯夫"，或者可以做这个字的注脚。

用"人"和"昔"组成"借"字，本义该是参照、借鉴过往的经历和古人流传下来的经验吧。如此，在这个字里，我们或许能体会学习历史的价值和意义。读史可以明智，我们的学习，是不能离开中华五千年的文明积淀的，那是我们精神的沃土，是我们生命的根。

097

许慎在《说文解字》里对"借"字的注释是"假也"。最早的"假"字里没有我们常说的真假的意象，金文的"假"没有人字旁，只是一个"叚"，左边表示石崖，右边是一

上一下两只手。在高高的石崖上，这两只手
在做什么呢？是不是有人不小心摔落悬崖，
同行的伙伴眼疾手快出手相救呢？又或者是
登山途中，有人爬不动了，上面的同伴伸手
拉了一把呢？总之，这个字很传神地刻画出
借助他人之力抵达目标的含义，所以"假"
的本义也是"借"。篆书里，在"叚"旁加
了"人"字，强调了借助于他人的意象。借
助别人而完成自己的目标，若是把功劳据为
己有，那就是虚假了，所以后来"假"字有
了不真实的含义。

石崖　　　两只手　　　借力

说起来，我们于人于事，若能真诚相待，无论是"假"还是"借"都没什么不好。而且，如果能从"假"字里再体悟出援助的含义，便是涵养了仁爱的心性了。每个人都有遇到困难的时候，能相互帮助，不漠然视之，生活会多一份美好，社会会多一份和谐。

　　荀子说"君子生非异也，善假于物也"，《春秋》里有"善学者假人之长以补其短"，更是强调了我们要有"借"的智慧。一个人，若能从天地万物里汲取营养，能见贤思齐，从他人那里获取优良的品行与思想，该就是学习的诀窍吧。孔子讲"三人行必有我师焉，择其善者而从之，其不善者而改之"，说的大概也是这个意思。

　　《庄子》里有一个关于"借"的故事：

　　庄子家里生活困难，眼看没米下锅了，于是去找监河侯借米。监河侯说："没问题啊！你等我收到封地的赋税后，我借给你三百斤，怎么样？"

庄子不高兴了，跟监河侯说：我昨天过来时，路上听到有叫我的声音，我环顾四周，没发现有人，后来低头一看，发现原来是车辙里的一条小鲫鱼在求救。

我问它说："小鱼啊，你怎么会在这里呢？"它答道："我本是东海里的水中之臣，不小心流落至此，您能给我些水搭救我吗？"我说："没问题！你等我去南方游说吴国和越国的国君，让他们挖一条大河，把西江的水引过来接你回东海，怎么样？"鲫鱼脸色一变，生气地说："我现在无处容身，你给我斗升的水我就可以活，你却说这样的话，要等你把西江的水引过来，还不如早点去卖鱼干的市场上找我呢！"

# 呆若木鸡

这个世界越来越光怪陆离，层出不穷的新鲜事物很容易让我们心神散乱。包括广泛的爱好和兴趣，也常常会成为无法集中精力突破困难的诱因。而智者，是能够做到表里不分、内外合一的，如此才是大道，才是真正的智慧。

《庄子》里有一个故事，说的

是爱好斗鸡的周宣王，让纪渻子替他训练出一只所向披靡的神勇斗鸡。

　　纪渻子受命后开始训练，十天后，宣王问："我的鸡训练成了吗？"纪渻子回答说："不行，现在这只鸡虚浮骄傲，自大得不得了，和别的鸡斗只是凭一时意气，很快就会输的。"

　　十天后宣王又来催问，纪渻子答道："还是不行，它一听到别的鸡鸣叫，一看到别的鸡的身影晃动就被惊动起来，心神不定。"

　　于是宣王又等了十天，看到被纪渻子训练过的斗鸡精神矍铄、斗志昂扬，欣喜地说道："现在算是可以了吧？"纪渻子说："差不多了，不过它对别的鸡仍会瞋目怒视，气势骄横，还不够完美。"

　　十天后纪渻子觐见宣王，说："斗鸡训练好了，现在它骄气全无，心神安定，别的

103

鸡叫它好像没有听到似的，毫无反应。如今它不论遇见什么突发的状况都不动不惊，像一只呆呆的木头鸡，不过它的内力非常完备，其他鸡见了都不敢应战，直接就掉头跑掉了。"

生命，是一趟不断历练、成长的旅程。我们披荆斩棘，跋山涉水，在这样的行走中，渐渐厚重起来，慢慢长成了智慧的自己。真正的智慧是质朴的，是铅华洗尽后的纯粹与真实。不过，这样的真实，在"聪明人"眼里很像是愚钝。古人讲"大智若愚""大巧若拙""大勇若怯"，意思是有大智慧的人表现出的是愚钝，技艺高超的人看起来很是笨拙，勇猛无畏的人往往被误认为胆怯，如同那只呆呆的斗鸡。《易经》里物极必反的哲理或许可以解释这样的现象：事物的表象与内质无限接近的时候，呈现出来的却是完全相反的两极。

　　"表"的甲骨文像兽毛朝外的皮衣，这样的衣服不能做内衣，只能穿在外面，所以有了表面、外表的含义。"象"是个象形字，憨憨的头、庞大的身躯、曲长灵动的鼻子，活灵活现的大象的形状。可能是因为形体硕大，很容易辨别，所以古人用"象"来表示事物直观的、可见的外形。

表象里内外

衣服　　　兽毛　　　皮衣

头和鼻子　　　身躯　　　大象

与"表"相对的字是"里"。"表里"的"里"，最早的字形是"衣"字中间加了个"里"字，表示衣服的内侧。"里"字金文由"田"和"土"组成，意思是百姓赖以生存的土地与田园，后来有了居所、家乡的含义。"里"是保障人生活的地方，外面加了"衣"，该是强调衣服里面才能取暖的意象吧。

衣服 　　　里 　　　衣服内侧

田园 　　　土地 　　　家乡

和"里"相近的字是"内"。甲骨文的

"内"，由表示洞穴的"冂"和"入"构成，本义是进入洞穴，由此引申出里面、阴暗、内在的含义。比起来，"内外"的"外"字有意思得多。"外"字甲骨文的形状是在"内"的左边加了一个表示占卜的"卜"，演化到金文时，以"夕"替代了"内"，强调在星夜占卜。于是这个字便很有趣了：在繁星密布的郊野，弯月高悬，一个人在居所外面占星问卜，预测未来……

洞穴 ＋ 入 → 进入洞穴 ＝ 内

占卜 ＋ 洞穴 → 洞穴外占卜 ＝ 外

外

夕       占卜       星夜占卜

  《说文解字》中对"外"的释义是——"外，远也。卜尚平旦，今夕卜，于事外矣。"意思是"外"有遥远的含义，古人占卜常在白天，而今于夜晚占卜，应该属于例外了。古人把"外"解读出例外的意象，或许是觉得诸事向外求，于情于理都太过遥远了吧。

  看似呆滞如木的斗鸡，实则是聚敛身心、精神于一体，所以会无惧所有的挑战。庄子讲这个故事，或许是告诉我们心无旁骛、聚精会神，更多地关注自己时，才能生出巨大的力量，才是面对事物最好的状态。

鬼斧神工

"读书不觉已春深,一寸光阴一寸金",当一个人安下心来专注做事的时候,那种美好真的不可言喻。

甲骨文的"安"字,外面是房子,表示家,里面是"女"。甲骨文中有很多和"女"有关的汉字,可在我看来,唯有"安"字中的"女"异常温暖动人:一个娴美的女子,安静地跪坐在地上，两手交叠，闲适地搭在膝头，微低着头，淡淡地看着远方……这是初嫁的新娘吧，停下了机杼，思念远行的新郎；或是一位母亲，备好了饭菜，等候田里劳作的丈夫和在外玩耍的孩子；抑或只是普普通通的女子，静静地守着自己，守着心里的梦和阳光。无论是哪种，这样的家里该是盈溢着安宁、美好和祥和吧，外出的人若是归来，一天的奔波劳苦、俗世烦扰该能卸下大半，继而开始细细地咀嚼现世安稳了吧。

家　　　女　　　安宁

《说文解字》对"安"的注释是"静"，

好像是少了些味道。"静"字右边的"争"，甲骨文的形状是两只手在争抢同一件事物，左边的"青"应该是"清"的简写，表示清澈、清净。如此，"静"是否有淡泊处世，自在不争，从容面对红尘纷扰的含义呢？若是这样解释，"安"字的内涵就更加丰满了，它表示的，除了外在的安稳，还有内心的专注和宁静了。

清净　　　争　　　宁静

　　甲骨文里，还有一个表示专注的字：一只大眼睛，上面有一条直直的竖线，表示目光坚毅地直视前方，不偏离，不犹疑，这个字是正直的"直"。看这个字，仿佛能看到一个人专心致志做事的样子。在金文中，"直"字上面的竖线上加了一点指事符号，更加明确了正视前方的意象，此外还在眼睛下面加了一条曲线，据说是强调舍弃弯曲、寻求正道的含义。还有的字形在"直"下面加了"木"，像是木匠眯着眼看木料，以便刨除木料上凸曲的部分，成就一根笔直的木材的样子。

目　　　　前方　　　　专注

正视前方　　舍弃弯曲　　直视正道

直　　　木料　　　成就笔直的木材

《说文解字》对"直"的解读是："正见也。"能正视前方，有正确的见地，且能秉持正见笃定而行的人，便是有"德"之人。"德"字在古代有一种写法，上面是"直"，下面是"心"，所谓"直心是道场"，讲的也是这个意思吧。

直　　　心　　　直心

跟"直"有关的，还有一个"置"字。"置"

的甲骨文很有趣，上面是表示抓捕的"网"，下面是"直"，意思是错抓了一个正直的人所以有了赦免的本义，并由此引申出安置和安放的含义。古人讲"置心一处，无事不办"，大意是若能释解了内心的争执与不安，把心安放一个地方，那就没有做不成的事情了。

庄子讲过一个"置心一处"的故事。

有个叫梓庆的木匠，刻削木头制作悬挂钟鼓的木镰。镰做成了，看过的人无不惊叹，觉得像是鬼斧神工一般，简直不可思议。

鲁侯召见梓庆，问道："你是用什么妙技做成的呢？"

梓庆回答说："在下只是个工匠，哪有什么特别的技巧呢！虽说如此，我还是有一点心得可以讲讲。"

鲁侯很好奇："说来听听。"

梓庆说："我要做镰的时候，从来不敢

耗费精气。一定要斋戒使心清净下来。斋戒三天，心里就不会有这个事能否得到赏赐，不会有想通过这个获取官位俸禄这些念头了；斋戒五天，心里就不会有他人夸奖还是批评，也不会考虑做工的巧拙这些念头了；斋戒七天，已经不为外物所动，仿佛忘记了自己还有四肢和身体。"

鲁侯听得入迷，追问道："然后呢？"

梓庆继续说道："到这个时候，我心里已无朝廷公差，心智专一，外界的纷扰全部都消失了。然后我就进入山林，仔细观察木料的天然质地，寻找到树木的天然形态与镰的形状相合的，这时好像完整的镰的形象呈现在眼前。之后着手取木，如果达不到这种状态我就宁可不取。以我的纯真本性来契合树木的自然天性，镰做出来之后人们惊疑是鬼神所造，恐怕就是这些吧！"

# 大匠运斤

很小的时候就听父母讲过《狼来了》的故事，那是最早的诚信教育。后来也说过谎，没有瞒天过海的智慧，不过是偶尔耍些小聪明，推脱逃避责任罢了。而且好像从小到大，我撒谎都没得着什么真实的好处，倒不如实实在在、真诚待人来得自在、洒脱。一个人的成长，难免经历风风雨雨，在这样的风雨间，我们逐渐学会了诚信和信任，学会了坚守自己的信念。

庄子路过好友惠子的墓地时，给随行的人讲了一个故事——楚国的郢都有个人鼻尖上沾了一层白灰，薄薄的像是苍蝇的翅膀。他让一个叫石的匠人用斧头把白灰砍掉。只见匠石挥动起斧头带着呼呼的风声向郢人的鼻子砍去，斧头经过鼻尖，白灰不见了，鼻子却没受一点伤，郢人神态自若地站在原地纹丝没动。宋元君听说了此事，就把匠石找来说："请你也为我表演一下这个绝技吧。"匠石回答："我曾经能做到，但现在不行了。那个可以信任我，让我用斧头砍他鼻尖上白灰的人早已去世了。"

讲完这个故事，庄子沉默了一会儿，神情忧郁地叹息道："惠子死后，我也没有可以谈论的人了啊。"

在这个故事里，我读到了"信"。"信"字在金文里有好几种写法：一种很简单，左边是"人"，右边是"口"，像是强调说出的话的重要性；一种把"口"写成了"言"，也是突出言语；还有一种是把"人"写成了"千"，应该是表示千言万语反复述说，这就很像一个人许诺时的样子了。在还没有文字、书信的时代，消息都是口口相传的，所以人们很重视一个人言语的可靠性，在"人"的旁边加"口"或"言"表示可靠、信实，估计就是"信"的本义。包括后来用"信"来表示信息、信件，应该也是强调言辞的真实性。

ク + 口 → 凡口 = 信

人　　　　话语　　　说话的重要性

言语 ＋ 人 → 强调言语 ＝ 信

千 ＋ 言语 → 反复述说 ＝ 信

　　与"信"含义相反的字是"谎"。撒谎的人，心里其实是慌乱的，"谎"和"慌"都有一个"荒"字，最早的"荒"，上面是死亡的"亡"，下面的"川"像是洪水，意思是洪水冲毁家园、杳无人烟，后来又加了"艹"，表示田园荒芜。不讲诚信的人，内心纠结、慌乱，精神虚妄、荒芜，很难说能成就什么大事。

信

亡　　　洪水　　　洪水冲毁家园、
　　　　　　　　　杳无人烟

　　　人无信不立。"立"的甲骨文是一个大
人挺拔、伟岸地站立在大地上。诚信好比是
我们脚下的土地，如果不够安稳、厚实，是
没办法立足的，更没办法滋养生命，成就我
们的"大人"之德。孔子说："人而无信，
不知其可也。大车无輗，小车无軏，其何以
行之哉？"意思是一个人如果没有"信"的
德行，就如同车没有连接轴与轭的木销，怎
么能够行走呢？

123

大人　　　地　　　　直立

《说文解字》中，"信"和"诚"是互训的，都有言行一致、真实不虚的含义。"诚"字右边的"成"，甲骨文的字形是在表示刀斧兵器的"戊"下面加了表示城邑的"口"，意思是武力征服、雄霸一方，所以有成就、成功的含义。如此，加了"言"的"诚"，是否也有"精诚所至，金石为开"的意象呢？那么，诚信该是能生出强大的自信，以至能养出精一、坚定的信念的。

戊　　　城邑　　武力征服　　成

　　孔子讲过："为政以德，譬如北辰，居其所而众星共之。"意思是一个有德的人，就像北极星那样，笃定不动，自然会有众星归附。"德"字甲骨文的形状，是十字路口中间，一只大眼睛坚定地正视前方。所以"德"也有意志坚定、信念不移的含义。在生命行进的大道上，我们需要同路人，更需要这样有德的引领者，如此走着走着，我们也会成为正心诚意的行道者，这就是自信、信任和信念的力量。这样的力量，究其根本，源自诚信。

125

路口　　　　眼睛直视前方　　　信念坚定

夔怜蚿足

我们一直在行走，从幼时的蹒跚学步，到少年的意气风发，再到青年的踏实坚毅，我们的脚步越来越稳健，越来越笃定，在这样的坚实中，我们一点点长大，一点点进步着……

甲骨文的"步"，有的字形很复杂：在纵横交错、四通八达的大路上，画了四只脚，表示向不同的方向移动。有的甲骨文省去左右方向的脚和十字路，只留下两只可爱的脚掌，喻示着在大路上交替迈进的含义。"千里之行，始于足下"，这样一个"步"字，是否也要告诉我们，在明晰方向和坚定目标的同时，还要关注脚下的步伐、行走的姿态呢？

十字路　　脚　　向不同的方向移动

　　相对于"步"，"走"字就简单得多，上面是摆动着双臂的人，下面是强调行进的"止"，整个字形像极了奋力行走的模样，很是生动。《说文解字》中对"走"的解释

是"趋也"，意思是小跑，如此再看"走"字，就能感知到一种急迫的神态了。还有一个字，在"走"下面又加了两只脚，应该是表示比"走"还快的奔跑吧。这样的"奔"字，很有些风风火火的样子，经常让我想起哪吒脚下的风火轮……

摆动双臂的人　　行走　　奋力行走

有个成语叫"奔走相告"，大概是描述有重大消息或紧急事件时的情形。正常时的行走，还是脚踏实地、从容不迫的好，如此才是"自在"。

"在"字左边是"才"，像是房屋的梁柱，

右边的"土"表示赖于生存的田地，像是表示有地有屋，自在生活的样子。不过《说文解字》对"才"的解读是"艸木之初"，细看甲骨文的"才"，确实很像草木刚刚破土而出的形状。我更喜欢这样的意象，充满了生机和希望。尤其加了"土"，有了大地和泥土的滋养，新生的"才"更加自信、自在了。

房屋梁柱　　田地　　自在生活

草木　　土地　　草木之初

在生命的路上，我们该是需要这样自信、自在的行走吧。每个人都是美好的，无需因别人的审视改变自己行走的姿态，不亦步亦趋，不邯郸学步，只是照顾好自己，照顾好脚下的路。如此，才会成长为更美好的自己，才会收获自在精彩的人生。

庄子讲过一个关于行走的故事。

夔是一种独脚兽，只能一蹦一蹦地走，它看到了长着很多只脚的多足虫蚿，特别羡慕，于是对蚿说："老兄，我只能用一只脚跳着走路，真是离您差远了，您有那么多只脚，到底是怎么走路的呀？"蚿说："老弟，不是这样的，你没见过人打喷嚏吗？喷出的唾沫大的像珠子，小的像雾气，乱喷下来的数也数不清。我走路只是天生的机能，没什么了不起的。"

说完，蚿慢悠悠地爬走了。不一会儿，

131

它遇到一条没有脚的蛇，于是羡慕地对蛇说：
"老兄，我用这么多只脚走路还不如您没有
脚爬得快，您真是太厉害了！这是为什么
呢？"蛇说："老弟，我也不知道，这只是
我天生的机能而已，不是我能控制的，我走
路确实也不需要用什么脚啊。"

鼓盆而歌

　　"贪生怕死"是个贬义词，但细想起来，有谁不希望能延年益寿，又有谁真的不惧怕死亡呢？叱咤风云的秦始皇，统一六国后派大将徐福东渡，为他寻找长生不老之药。俊逸洒脱如王羲之，后来也与道士许迈共修道术，甚至为了炼丹不远千里采取药石。生死面前，我们如同懵懂的孩子忽然闯进一个漆黑幽深的山洞，除了惶恐，大概就只想着逃离了。

当然，也有例外，比如庄子。庄子对待死亡的旷达，已远远超越了时空，他说"方生方死，方死方生"，意思是生死本一体，没有绝对的生死的界限。甲骨文的"化"字，很像是庄子这句话的注释：一个头朝上的人和一个头朝下的人，表示由生到死，或者包括由死到生的变化。看来在比庄子早生千年的古人眼里，生死便只是自然的转化了。古人的智慧，在这个简单的"化"字里，可以想见。

头向上的人　　头向下的人　　生死变化

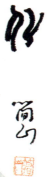

《庄子》里记录了这样一件事：庄子的妻子死了，惠子前往吊唁。一进门却发现庄子叉着腿坐在那里，边敲着瓦盆边唱歌。惠子很生气："老庄啊，你妻子跟着你辛辛苦苦生活了一辈子，为你生儿育女，直到现在衰老而死，你不伤心哭泣也就算了，还敲着瓦盆唱歌，是不是太过分了！"

庄子说："不是这样的，她刚死的时候，我怎么能不哀伤悲痛呢？然而我仔细地想了想，若追溯回生命最初始的状态，那时她还没有出生，再往前的她不仅没出生甚至无形无态，再往前推，她非但无形，连化成形体的元气也没有。在一种恍惚混沌中，变化而有了元气，元气又变化成为形体，形体又变化成为她的生命，随着形体的变化，如今她又回到没有生命的状态，这就像春夏秋冬四季变化一样啊！死后的人，只是又回归到天地间去安息而已，而我却呜呜地围着她哭，我觉得这样做是没通晓生命的大道，所以才停止了哭泣啊。"

庄子洞明生死的境界，常人恐怕难以企及。关于生死的论述，最大义凛然的应该是孟子，"生，亦我所欲也，义，亦我所欲也；二者不可得兼，舍生而取义者也。"每个人都不可轻视生命，但总有些事，比生命更可贵，比如道义。在孟子心里，如果生命和道义必须选择一个，他宁可放弃生命。

137

甲骨文的"义"字由"羊"和"我"组成，"我"最早的形状是有利齿的"戈"，表示征战，"羊"有仁善、吉祥的含义，所以"义"的本义像是为了维护仁道而发起的正义之战，后来由此引申出合乎大道的公理的意思。《说文解字》里对"义"的释文是"己之威仪也"，应该是有捍卫"我"之尊严的

同时，以"羊"之祥和、柔善、得体的仪容示人。子思在《中庸》里讲过："义者，宜也。"也是合理、适宜的意思。

羊　　　　征战　　　正义仁道之战

所以孟子讲的"义"，该是以大道之理为标准的，在正道和大义面前，苟且偷生、贪生怕死是不符合"道"，不符合"理"，也是不合时宜的。

生死的"生"字，上面是"中"，下面是土地，很形象地表现出草木破土萌发的样子。"野火烧不尽，春风吹又生"，草木有着顽强的生命力，人也不能轻易放弃自己的生命。生活中的挫折和坎坷，往往是历练我们生命厚度和宽度的契机，只要是合乎道义，越是历练，我们的生命之根就会扎得越深、越坚实。

中　　土地　　生命

139

生，总是充满了希望的积极的样子，死则不然。甲骨文的"死"，左边像是一个跪坐的人张口哭喊的样子，右边的"歺"表示逝者。面对这样的字形，总是难免悲戚、哀伤。死亡是生命的终结，对于死后的世界我们一无所知，对于未知的事物我们难免心生恐惧。

张口哭喊　　　逝者　　　死亡　　　　　死

　　其实每个人都会由生到死，死亡只是一种自然的消解，无需惧怕或太过悲伤。认知"死"，是为了更好地对待"生"，珍惜生命的过程，活好每一个当下，让自己"生"得更有价值和意义，该是读《鼓盆而歌》应有的思考吧。

相濡以沫

看待事情，不应片面，要追溯出前因后果才能洞明真相。孔子曾见颜回偷米吃，心有不悦，后来才知道是因为有一块煤灰掉到锅里，颜回爱惜粮食才抓来吃了。看书不能断章取义，有些词，语境不同，意思也会有差异。比如"念念不忘"，若是形容读书用功，是赞赏，若是表示心胸狭隘、嫉恨他人则是贬义了。

　　"念"字上面的"今"是吟诵的"吟"的本字。甲骨文是一个倒写的"口"，表示头朝下说话，有的甲骨文在"口"下面加了一横指事符号，强调了言语的意象。金文时"今"字下面加了"心"，低头自言自语的形象更加生动了，所以"念"字最初的意思是默念心中所思所忆。

吟诵　　　心　　　默念心中
　　　　　　　　　所思所忆

　　"忘"字细琢磨起来更有趣，"亡"的甲骨文像是一个战败的士兵手持盾牌逃命的样子。《说文解字》把"忘"解读为"不识也"。

金文的"识"字没有后来那么复杂，一边是"戈"，一边是"言"，意思是辨认武器的归属。如此，这个"忘"字便很有意思了：一个士兵丢盔弃甲逃跑，后被捉住，不明是友是敌，于是让他在一堆兵器中辨识自己部队的武器，这个家伙连连摇头，说"不识也，不识也"……

逃亡　　　心　　　忘记

高语　　　戈　　　辨识武器归属

念忘

143

识记

《说文解字》对"念"的注释是"常思"，心记口诵，生怕忘记，而"忘"很有些故意逃避、唯恐想起的味道，古人把这两个字组成"念念不忘"，倒是绝配。

　　和"忘"含义相对、关联最密切的字是"记"。"己"和远古结绳记事有关，甲骨文的形状像是绳子缠绕的样子，本义是在绳子上系圈、打结，用以记录事件或表明物品的归属。金文时在左边加了"言"，于是就有了用语言记录、标注的含义。

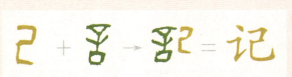

用绳子记事　　　言语　　　言语记录

　　其实，生命中的好多事、好多过往，需

要常常"念"才能不忘的，往往于己于心无关痛痒。真正刻骨铭心、触及灵魂的，也无需刻意去"记"，甚至想逃都逃不脱，想"忘"都忘不掉。

当然或许也有大情怀者，可以忘情于天地，可以忘怀于古今。那样的境界，常人不可及。

庄子讲过一个关于"忘"的故事：有一年大旱，泉水干涸了，仅存的一个水洼里的水也日益减少，从未见过面的两条鱼在这个小水洼里相遇了……

"水越来越少了，你喝一些吧。"一条鱼说道。

"你喝吧，我还不太渴，可以再挨一阵子。"另一条鱼谦让地说。

这样的谦让并没能阻止水的蒸发和缩减，它们悠悠地诉说着自己的故事，直到水洼终于变成了陆地。

可两条鱼还活着。只见一条鱼慢慢地对着另一条鱼的嘴吹了口湿气，那条鱼深深地吸了一口，缓了半天，回应给对方一个小小的水泡……

庄子恰好路过，救起两条鱼儿，把它们放归湖海，喃喃说道："与其相濡以沫，不如相忘于江湖。"

147

# 庄周梦蝶

庄子做漆园吏时，终日无所事事，常常会沉醉于无边无际的遐想，甚至有时会盯着漆园里的蝴蝶发上半天呆。

有一天，他想着想着，躺在树荫下睡着了，做起了梦。在梦里，他是一只翩然起舞的蝴蝶，在山谷间自在地游走。山谷里是满山遍野的鲜花，真实极了，他在五彩斑斓的花丛中摇曳着美丽的翅膀，从这一朵花飞到那一朵花，惬意极了。在梦里，他完全不知道自己是庄周。

后来，一阵风吹过，庄子醒了，拍打下身上掉落的树叶，才发现自己原来是庄周。于是他陷入了沉思："到底是庄周梦中变成了蝴蝶呢，还是蝴蝶做了个梦，化成了庄周呢？"

我们也做过梦。有些梦很现实，都是些身边的人、身边的事，以至初醒时常常分不清梦里梦外，哪个是真哪个是假；有些梦很凌乱，来自过去、现在或者未来的碎片，无序地拼接起来，又被剪辑成一段段迷离的故事，在梦境里以默片的格式播放；还有些梦很离奇，会去往从未去过的地方，会遇见从未见过的人，会经历从未经历过的事……

梦是虚幻的，因为虚幻，所以浪漫，因为浪漫，所以美好。在梦里，我们可以自由地驰骋翱翔，可以穿越时空，可以跨过湖海，可以奔赴世间所有可以想象的美好。美好的梦是有创造力的，有时会带来灵感，有时会构建向往，甚至有时候还会激发出实现抱负的力量。美梦成真，不都是假话。有梦，就有希望。

"梦"字的甲骨文很有趣，左边是一张床，右边是一个人，头上有一只大大的眼睛，眼睛上还标注了睫毛或眉的形状。一直在想几千年前，人们为什么要用这样的形状来表示"梦"？床的意思很明显，表示人躺在床上睡觉，可睡觉的人怎么会睁着眼睛呢？"睡"字由"目"和"垂"组成，"垂"甲骨文就是枝条坠向地面的样子，所以"睡"字很形象地刻画了人困倦时眼皮沉沉坠下的现象。

床　　　人眼上有眉　　睡梦中眉目　　梦
　　　　　　　　　　　转动的样子

目　　　枝条垂向地面　　眼皮垂下　　睡

难道"梦"是表示半梦半醒，还没进入睡眠状态？应该也不是，甲骨文有一个字形：房子里面有个跪坐的人和一个"木"字。"木"应该是表示床，劳累了一天的人，回到家，对着床打盹儿，像是要睡觉了，这个字是"寐"。《诗经》里有"窈窕淑女，寤寐求之"的句子，意思是日日夜夜都在追慕思念那位美好的女子。这里的"寤"指睡醒，"寐"就是指睡着了。金文中，"人"换成了床，"木"变成了"未"，表示躺在床上，睡而未眠。

房屋　　　人　　床　　对床打盹儿

如此，"寐"和"梦"的区别便很明确了，"梦"一定是熟睡后的状态。那么，"梦"字里的眼睛是不是表示人深眠时的梦境恍若真实可见呢？而且，人在做梦的时候，眼珠常常会随着梦里的情境转动，古人造"梦"字时突出了睫毛和眼眉的形状，估计是要描述这种情形吧。这样看来，甲骨文的"梦"字便非常生动、形象了。金文时，省去了甲骨文中床的字形，加了表示夜晚的"夕"，强调了做梦的时间，于是渐渐有了现在的字形。

有眉目的人　　　夕　　　夜晚睡觉

　　和"梦寐"相对的词是"觉醒"。"醒"字中的"酉"是酒坛的形状，"星"表示的是闪烁不定的星光，整个字的意思是昏醉之后渐渐有了模糊的意识，开始苏醒了。"觉"上面是"学"的简写，下面是表示清晰可视的"见"，本义是学习之后有所发现，从而生出了自己的见解，所以有觉悟的意思。古人用几乎可以等同于智慧的"觉"字来描述

人从梦境中醒来，会不会有警示的意味呢？

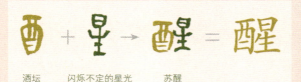

酒坛　　　闪烁不定的星光　　　苏醒

学习　　　见　　　觉悟

　　梦境再美好，总是虚幻的，沉迷于梦幻或是不现实的梦想之中，只能是消耗生命。我们该做的，是时时审视梦与现实之间的距离，寻找合乎道理的路径，怀抱着美好的向往，脚踏实地地追求自己的理想。如此，便是"觉者"，比如庄子。

# 后 记

年轻时读《庄子》，最喜欢其中的故事。出版社约稿，让我选几个和汉字相关的主题，我第一个想着要写的便是《庄子》故事。

可能是觉得太有把握能把故事讲好吧，这本书稿一直拖着没动，直到编辑催，说只有不到一个月的时间了，必须按时交稿，才急急地琢磨该怎么写。

平时说得太多的缘故，我写东西很慢，一个月写一本书，对我来说是完全不可能的事。压力之下，想出了取巧和应付的办法——找朋友选故事，找学生从中提取可讲的汉字，我讲主题与思路，大家帮着拼凑成文。大概半个月的时间，近三十篇文章完成了。离截稿还有十几天，还有时间修改、润色，得意洋洋。

真沉下心改稿子时，忽然生出鄙视，对自己的鄙视。一个人，若对自己的语言和文字都不负责任，如何称得上"信"，如何算得上"德"？于是推掉所有的事务，夜以继日，置心一处，踏踏实实一个字一个字地写起。

二十一篇文章，不到十天写完，对我而言是个奇迹。这十天里，收获最大的，是自己的精进。比如井底之蛙，最初只是想着嘲笑它的目光短浅，可写着写着，发现了自己的盲目自大；比如鲁侯养鸟，本意要写鲁侯的愚钝，可到后来，想到了自己平日便是如此以己度人……于是这本书，最后改了讲故事的初衷，变成了讲道理。那些道理，大都是讲给自己听的。在这样的小故事大道理中，我看到了自己的蜕变。

书里的文章，是按照道生一、一生二、二生三、三归二、二归一、一归无的顺序排列的。我想着，若能通读下来，或许能隐约窥见庄子本义，甚或能遇见庄周。

田舍之
戊戌夏至于潮白河随寓

**图书在版编目（CIP）数据**

汉字与庄子 / 田舍之著 . 一上海：少年儿童出版社，
2018.12
（汉字中国）
ISBN 978-7-5589-0501-8

Ⅰ . ①汉 ... Ⅱ . ①田 ... Ⅲ . ①汉字—少儿读物
Ⅳ . ① H12-49

中国版本图书馆 CIP 数据核字（2018）第 262993 号

汉字中国

# 汉字与庄子

田舍之 著

简　山 绘图

赵晓音 装帧

梁　燕 策划

责任编辑 霍　聃　美术编辑 赵晓音
责任校对 沈丽蓉　技术编辑 许　辉

出版发行 少年儿童出版社
地址 200052 上海延安西路 1538 号
易文网 www.ewen.co　少儿网 www.jcph.com
电子邮件 postmaster@jcph.com

印刷 天津旭丰源印刷有限公司
开本 787×1092　1/32　印张 5.25　字数 54 千字
2022年3月第1版第3次印刷
ISBN 978-7-5589-0501-8 / I·4379
定价 35.00 元